# Nos confins do Seminário

# Campo Freudiano no Brasil

Coleção dirigida por Judith (*in memoriam*) e Jacques-Alain Miller

Assessoria brasileira: Angelina Harari

Jacques Lacan

# Nos confins do Seminário

Texto estabelecido por Jacques-Alain Miller

Tradução:
Teresinha N. Meirelles do Prado

1ª *reimpressão*

Copyright © 2021 by Navarin Éditeur

*Grafia atualizada segundo o Acordo Ortográfico da Língua Portuguesa de 1990, que entrou em vigor no Brasil em 2009.*

*Título original*
Aux Confins du Séminaire

*Capa*
Fernanda Ficher

*Imagem de capa*
Sem título, 2022, da série Impressão de Objetos, de Mirella Marino. Monotipia com tinta offset sobre papel japonês, 21 × 26 cm. Coleção da artista.

*Preparação*
Cláudio Figueiredo

*Revisão técnica*
Angelina Harari

*Revisão*
Jane Pessoa
Adriana Bairrada

---

Dados Internacionais de Catalogação na Publicação (CIP)
(Câmara Brasileira do Livro, SP, Brasil)

Lacan, Jacques, 1901-1981
    Nos confins do Seminário / Jacques Lacan ; tradução Teresinha N. Meirelles do Prado ; texto estabelecido por Jacques-Alain Miller. — 1ª ed. — Rio de Janeiro : Zahar, 2022.

    Título original : Aux Confins du Séminaire.
    ISBN 978-65-5979-090-6

    1. Freud, Sigmund, 1856-1939 2. Psicanálise I. Miller, Jacques-Alain II. Título.

22-126155                                                                  CDD: 150.1952

Índice para catálogo sistemático:
1. Psicanálise freudiana    150.1952

Cibele Maria Dias – Bibliotecária – CRB-8/9427

---

Todos os direitos desta edição reservados à
EDITORA SCHWARCZ S.A.
Praça Floriano, 19, sala 3001 — Cinelândia
20031-050 — Rio de Janeiro — RJ
Telefone: (21) 3993-7510
www.companhiadasletras.com.br
www.blogdacompanhia.com.br
facebook.com/editorazahar
instagram.com/editorazahar
twitter.com/editorazahar

# Sumário

*Nota preliminar*   7

**Sobre o Homem dos Lobos**   9
I. O Édipo inacabado e invertido   11
II. Os três momentos do caso   17
III. O conflito das identificações sexuais   25
IV. A contratransferência de Freud   37

**Dissolução**   51
Carta de dissolução   55
I. O Outro falta   59
II. D'e[s]colagem   65
III. Sr. A.   71
IV. Luz!   79
V. O mal-entendido   85

**Conferência de Caracas**   91
Conferência de Caracas   95

*Três cartas de Lacan*   103

## *Nota preliminar*

REUNI NESTE VOLUME TEXTOS que conduzirão o leitor aos confins do Seminário de Jacques Lacan: eles datam de antes do *Seminário 1* e depois do *Seminário 25*.

Encontraremos primeiramente as quatro lições que Lacan dedicou, em 1952-3, ao Homem dos Lobos, a partir da observação de Freud e do artigo de Ruth Mack Brunswick, que assegurou a continuidade do tratamento.

Lacan havia iniciado o ano anterior transmitindo seu ensino a alguns dos analistas em formação com ele. Tudo faz crer que foi a pedido deles. Ele os recebia em seu domicílio, na rue de Lille nº 3, ao lado de seu consultório, situado ao nº 5. Em 1951-2, o Seminário abordou o caso Dora: que eu saiba, nada restou dele além do texto intitulado "Intervenção sobre a transferência", incluído na coletânea dos *Escritos*.

Em contrapartida, para o Seminário sobre o Homem dos Lobos, ao qual ele se refere várias vezes no relatório de Roma (ver também nos *Escritos*),* que é de setembro de

---

* O texto conhecido como relatório de Roma é "Função e campo da fala e da linguagem em psicanálise". (N. T.)

1953, um ou vários ouvintes, que permaneceram anônimos, haviam tomado notas que circularam depois na Escola de Lacan sob a forma de folhas datilografadas; nunca falei com ele sobre isso. Estabeleci e algumas vezes glosei o texto para esta edição. No ano seguinte o Seminário se deslocou para uma sala do Hospital Sainte-Anne e começou a ser estenografado a partir do mês de janeiro de 1954.

Seguem-se as últimas ocasiões em que Lacan tomou a palavra em seu Seminário, pouco antes de sua morte, em 9 de setembro de 1981. Esses registros datam de 1980 e na época foram publicados na revista *Ornicar?*, com o título "Dissolução". De fato, Lacan havia endereçado uma carta aos membros de sua Escola no dia 5 de janeiro de 1980, anunciando sua intenção de dissolvê-la. Após lê-la em seu Seminário, ele tomou a palavra mais cinco vezes em uma sala do Instituto Oceanográfico de Paris. Pouco depois a Escola foi dissolvida nas formas legais, de acordo com seu desígnio.

O presente volume se encerra com a última comunicação teórica de Lacan, que incide sobre seu "debate com Freud". Essa conferência foi pronunciada no dia 12 de julho de 1980, na abertura do Encontro Internacional de Caracas, organizado pela Fundação do Campo Freudiano, e foi publicada no ano seguinte na revista *L'Âne*.

JACQUES-ALAIN MILLER

# Sobre o Homem dos Lobos

# 1. O Édipo inacabado e invertido

O INCONSCIENTE NO SENTIDO PSICANALÍTICO é fruto do recalque ligado às fases do desenvolvimento infantil que estão centradas no complexo de Édipo. O que aconteceu com o complexo de Édipo no caso do Homem dos Lobos? Digamos que ele permaneceu inacabado. Porque o pai era carente, o Édipo não pôde se realizar em sua plenitude no momento adequado, fazendo com que o enfermo tenha permanecido apenas com esboços do complexo.

## A relação dual

Dado que o complexo de Édipo não se realizou para o sujeito, este não chegou à relação a três, ele permaneceu na relação dual. Temos a indicação disso ao considerar o lugar que ocupa, no caso dele, o erotismo uretral.

O erotismo uretral está ligado ao traço de caráter ambicioso. A linguagem explica isso ao dizer: "Ele visa mais alto do que é capaz de mijar". Ora, a paixão ambiciosa, como tal, tem um caráter relativo: o ambicioso quer sempre ir mais longe que o outro. Logo, sua paixão é tomada em uma relação dual com o outro, o que explica inclusive que ela seja sempre insatisfeita.

Essa relação dual é característica do período de latência pré-edipiano. É uma relação de domínio ou de submissão.

Acrescentemos que a vergonha, diferentemente da ambição, não se inscreve em uma relação dual com o outro.

### Prevalência do domínio sobre a escolha de objeto

Não se poderia compreender, no sentido de englobar, todos os casos do recalque se não se elucidam as relações entre o narcisismo e a libido. Ora, o caso do Homem dos Lobos nos dá precisamente uma ocasião eletiva de ressaltar as relações entre o desenvolvimento do eu e a evolução da libido. Nessa observação, o conflito baseado no *super-ego* fica totalmente em segundo plano. O conflito essencial é do registro das aspirações sexuais, macho e fêmea.

No animal, a ativação das funções sexuais não é de forma alguma desvinculada das atividades e referências ao outro, ao semelhante. Basta eu lembrar-lhes aqui que evoquei em minhas "Observações sobre a causalidade psíquica" algumas experiências de Harrison sobre a ovulação da pomba desencadeada por sua imagem no espelho. Há também a função do desfile. É sempre em uma relação dual que se constitui o conhecimento do parceiro, macho ou fêmea.

Também existem na espécie humana relações de reconhecimento entre indivíduos, como homem e como mulher, mas o indivíduo humano já tem, desde antes de sua referência ao espetáculo que se revelará determinante para ele, um conhecimento prévio de si mesmo, aquele que o estádio do espelho lhe proporciona. Disso decorre a ênfase que será colocada nas suas exigências propriamente narcísicas. A experiência revela, no caso, a prevalência da necessidade de domínio, que vai no sentido contrário da escolha instintual do objeto.

No caso do Homem dos Lobos, a prevalência do controle sobre as escolhas de objeto dá origem a uma situação bastante particular, que é o fato de que a ênfase é posta na dimensão agressiva da relação narcísica, enquanto o sujeito faz uma escolha de objeto contrariada e apenas parcial. Daí seu desconhecimento do parceiro feminino. Essa situação provoca a explosão de sua libido. Sua vida instintual encontra-se reduzida às explosões compulsivas provocadas pelo encontro com certa imagem, aquela da criada de cócoras. Só então ele pode perceber.

Ele se encontra, portanto, na posição do mestre, no sentido hegeliano, ou seja, separado de seus objetos, despossuído de seu objeto sexual, ao passo que o objeto sexual é constitutivo do caráter e do mundo humano normais.

## Inversão do Édipo

No caso do Homem dos Lobos, Freud isolou o conflito recalcado da bissexualidade, subcaso do caso mais amplo em que há conflito entre o eu e algum elemento proveniente dos instintos sexuais.

Nesse conflito, o eu toma o partido da virilidade. Há investimento narcísico da força viril, luta narcísica para manter a virilidade e reprimir, recalcar a tendência homossexual, cuja força atesta que, apesar da menos-valia da imagem paterna, o complexo de Édipo está invertido.

Há, no Homem dos Lobos, uma cisão entre a vida intelectual e a vida instintual. Ele vive as relações heterossexuais de um modo compulsivo, irruptivo, ligado a um estereótipo — o da imagem da criada — e desprovido dos sentimentos que a situação sexual normalmente abrange. É, no caso dele, um processo dual, de senhor e de escravo.

A cena devastadora ocorre ao final do estádio do espelho. Ela foi para ele apassivadora, e essa passividade constitui no sujeito uma fixação homossexual inconsciente. De um modo geral, a experiência escopofílica é apassivadora.

## Observações diversas

- O medo da castração é inseparável da imagem do pai, enquanto a ameaça é expressa não pelo pai mas, ao contrário, pelas mulheres.
- No Homem dos Lobos, o que interveio sob a forma da iniciação religiosa fez suplência à ausência do pai.
- Há, no Homem dos Lobos, superposição de um pequeno núcleo histérico, de uma formação infantil de neurose obsessiva e de uma estrutura paranoica da personalidade.
- O pai introduz uma nova forma de referência à realidade. É porque o gozo do sujeito lhe é, de certo modo, arrebatado, que ele pode se situar. É esse o papel do complexo de Édipo.
- Existem duas faces na rivalidade com o pai, a saber: uma de luta e outra de ideal, de modelo. Toda a dificuldade para o ser humano, antes da sexualidade propriamente genital, é ser um eu que se reconhece e se aliena no outro. A sexualidade demanda a intervenção de um plano cultural. O sujeito terá que se situar em relação ao pai.
- Na fobia, há a intervenção do animal. Freud evoca, sobre esse tema, os fatos do totemismo.
- Drama do Édipo/drama do assassinato do pai.
- O que se chama de sublimação é a socialização dos instintos.

## Inércia do inconsciente

No recalque, um certo aspecto relacional está excluído da consciência, cai no desconhecimento, na cegueira em relação ao sistema consciente subjetivo, mas nem por isso segue dominando menos o sujeito.

Uma situação excluída da consciência pelo recalque, por exemplo uma situação edipiana vivida, exercerá uma atração própria, de tal modo que outros elementos coordenados com essa situação tenderão a se juntar à massa do recalcado. O sistema do inconsciente possui uma inércia própria e continua a atrair nessa esfera de amnésia tudo o que é conexo, o que perturba a realização do sujeito.

Em um sujeito neurótico, isso está localizado, de forma bastante eletiva, em torno da relação com o pai e com a mãe. Mas não se deveria acreditar que o complexo de Édipo tem incidências apenas na gênese das neuroses: ele também tem uma função normativa.

## II. Os três momentos do caso

VIMOS NO ANO PASSADO, ao estudar o caso Dora, que a transferência estava ligada a antecipações subjetivas no analisado e que a contratransferência podia ser considerada a soma dos preconceitos do analista. Precisamos tentar ver o que a observação do Homem dos Lobos acrescenta e significa em relação a isso.

### O drama e o diagnóstico

O Homem dos Lobos é um personagem cujo drama se deve em parte à sua inserção na sociedade. Há essa particularidade de ser, poderíamos dizer, desinserido. De fato, ele foi muito precocemente separado de tudo o que podia constituir para ele um modelo no plano social, e toda a sequência de sua história deve ser situada nesse contexto.

No momento em que procura Freud, esse sujeito apresenta um certo transtorno neurótico que havia sido qualificado, antes de Freud o ver, como estado maníaco-

-depressivo. Freud, por sua vez, recusa essa classificação nosográfica: segundo ele, o estado apresentado pelo Homem dos Lobos deve ser considerado como subsequente à cura espontânea de uma neurose obsessiva. Enfim, quando o Homem dos Lobos, depois da análise com Freud, retoma o tratamento com Ruth Mack Brunswick, ele apresenta um comportamento psicótico.

Freud, vocês sabem, escolheu publicar o caso do Homem dos Lobos como a história de uma neurose infantil, essa neurose da infância que teve manifestações variadas e diversas na sua estrutura.

## Historicidade e acontecimento

Se olhamos isso de perto, percebemos que a observação de Freud se concentra na sua pesquisa apaixonada, detalhada — que vai, poderíamos dizer, contra os fatos — em relação à existência ou não de acontecimentos traumáticos na primeira infância.

Freud extraía de seu campo de experiência suas ideias sobre o assunto. Muitas vezes, em seus escritos, ele insistiu na dificuldade que teve para manter suas ideias quando, no seu próprio grupo, eram feitas tentativas de reduzir o alcance e torná-las mais aceitáveis ao comum. Dali nasceram as cisões inauguradas por Jung e Adler. Mas bem antes do desvio junguiano, desde o início dos *Estudos sobre a histeria*, era impressionante o número de histórias de sedução ou de violação de crianças pelos adultos que, com regularidade, revelavam-se puramente fantasmáticas.

Essa não é uma objeção absolutamente válida contra a realidade dos acontecimentos traumáticos da primeira infância. Uma objeção mais grave, no caso do Homem dos Lobos, é o caráter estereotipado da cena primitiva, em que se trata sempre de um coito *a tergo*. Seu caráter estereotipado torna bastante problemático afirmar sua realidade. Deve-se ver ali um esquema ou uma imagem filogenética a ressurgir na revivescência imaginária? A esse respeito, remeto-os ao capítulo v da observação de Freud.

Em uma análise, é essencial não desviar o sujeito da realização do que é buscado. Pelo contrário, uma análise deve permitir-lhe cumprir a realização plena e inteira do que foi sua história, assumir plenamente sua própria história. Ora, na análise do Homem dos Lobos, Freud nunca pôde obter dele a reminiscência propriamente dita da realidade, no passado, da cena em torno da qual, contudo, gira toda a análise.

A realidade do acontecimento não é tudo, há também sua historicidade, que é algo ao mesmo tempo suave e decisivo. Desse modo é possível ver como o que foi inicialmente uma impressão do sujeito vem em seguida dominar todo o seu comportamento. É necessário restituir a primeira para explicar a segunda. É nisso que a discussão de Freud em torno do acontecimento traumático inicial continua a ser de importância capital.

No caso de que nos ocupamos, o acontecimento traumático inicial, aquele que permite entender tudo o que se passou em seguida e tudo o que, da história do sujeito, é assumido por ele, foi indiretamente reconstituído graças ao sonho dos lobos. Foi esse sonho que levou Freud a reconstruir a cena. Somente em um segundo tempo o acontecimento foi assumido pelo sujeito.

Freud ensinou o sujeito a ler seu sonho. Esse sonho se traduz como um delírio. Para isso, basta invertê-lo: "Os lobos me olham imóveis, bastante calmos" quer dizer "Eu olho uma cena particularmente agitada". Pode-se acrescentar: "Esses lobos têm belos traseiros, cuidado com o meu". A interpretação desse sonho nos permite sublinhar a atenção dada por Freud ao trabalho do sonho. Para ele, a significação de um sonho se lê em seu trabalho de elaboração, de transformação.

Não é inútil perguntar-se, em relação a esse caso, sobre o que é a história. Os animais têm uma história? A história é uma dimensão propriamente humana? Digamos que a história é uma verdade que tem essa propriedade da qual o sujeito que a assume depende da sua própria constituição de sujeito.

Por outro lado, inversamente, a própria história depende do sujeito, que a pensa e repensa a seu modo.

## O desencadeamento da análise

Quando uma psicanálise chega ao fim? Será que ela termina quando o analisado é capaz de ter plena consciência de si mesmo?

O que a experiência de Freud exige do sujeito que fala é que ele realize a integração de sua sexualidade em certo campo, o das relações simbólicas. A dificuldade dessa integração está relacionada ao fato de que a realidade de sua sexualidade escapa, em parte, ao sujeito, na medida em que ele fracassou em simbolizar de modo humano determinadas relações simbólicas.

A experiência psicanalítica se situa, para o sujeito, no plano do que podemos chamar de sua verdade. A psicanálise é uma experiência, por assim dizer, *em primeira pessoa*. Ora, Freud teve de constatar que, no caso do Homem dos Lobos, as sessões se sucediam durante meses e anos sem nada acrescentar, nada que ele assumisse em primeira pessoa como sua verdade.

Temos aí um sujeito que não consegue assumir a sua própria vida. Sua via instintual está como que enquistada. Tudo que é de ordem instintual lhe sobrevém como um tsunami assim que ele encontra uma mulher usando um pano de chão ou uma vassoura num piso, mostrando seu dorso e suas nádegas.

Deve-se aqui lembrar que, de um lado, o Homem dos Lobos é um sujeito cuja posição de rico o isolou e que, de outro lado, seu eu, como todo eu de neurótico, é um eu forte. Na sua análise, constata-se que a ênfase permanece por muito tempo no eu, um eu irrefutável, e que esse homem falou durante anos sem nada acrescentar de válido. Ele apenas se mirava no espelho. O espelho é o ouvinte, no caso, Freud.

Lembro aqui que a linguagem não é só um meio de comunicação, é um meio de revelação. Quando o sujeito fala, uma parte do que ele diz constitui uma revelação para um outro sujeito. O progresso de uma análise se julga quando se sabe em que momento o você [*vous*] equilibra o eu [*je*] em questão.

Como a análise não deslanchou, Freud decidiu fazer intervir um elemento de pressão temporal, e daí ela acontece. O sujeito a toma em primeira pessoa. A partir de então, não é mais o *eu* que fala, mas o [*eu*].

## Tempo lógico

Destacaremos, para terminar, que as escansões do caso correspondem aos três momentos que soubemos distinguir como constitutivos do que chamamos outrora de tempo lógico.

Há, primeiramente, o instante de ver: é a evidência apreensível no instante de um olhar, encenada no sonho dos lobos.

A segunda etapa é a do tempo para compreender o problema, ocupado por um longo trabalho de cogitação do *working through* no primeiro período da análise.

Foi, enfim, o momento de concluir, com o elemento de pressa e de urgência introduzido na análise pela pressão temporal que Freud resolveu exercer.

Queiram lembrar-se disso para o que se segue.

## III. O conflito das identificações sexuais

A QUESTÃO QUE AGORA PRECISAMOS colocar é a das relações entre o eu e o instinto sexual, que, no homem, desemboca no instinto genital. A observação do Homem dos Lobos é significativa e instrutiva nesse ponto.

### Parêntese no parêntese

O Homem dos Lobos tem uma vida sexual cuja realização apresenta aparentemente um caráter dito "incluído", o que Freud chama de "compulsivo". Trata-se de um ciclo de comportamento que, uma vez desencadeado, vai até o fim e se situa entre parênteses em relação ao conjunto da personalidade do sujeito. É surpreendente que essa espécie de parêntese se inscreva aqui no interior de uma vida que o sujeito confidenciou ser igualmente fechada e encerrada em si mesma.

Ainda que o Homem dos Lobos tenha vergonha de sua vida sexual — não esqueçamos que ele teve com sua irmã relações especificamente genitais —, ela existe, e pontua sua vida adulta, que é devastada por uma depressão narcísica.

Não há, no caso dele, um atraso propriamente instintivo. Existem reações instintivas muito vivas e que estão prestes a penetrar, atravessar a opacidade que fixa sua personalidade e a faz estagnar em um estado especificamente narcísico. Sua virilidade é de estrutura narcísica. Os termos adlerianos aqui quase afloram no texto de Freud.

### Em busca do pai simbólico

Aqui podemos partir do esquema clássico do recalque.

O recalque está ligado à rivalidade com o pai, a qual é impossível de ser assumida pelo sujeito, pois o rival nesse caso é onipotente. Essa rivalidade é sancionada pelo constrangimento e pela ameaça de castração. Disso decorre uma dissociação entre a sexualidade e o eu. Esse processo duplo tem na sua regra um resultado eficaz e normativo, que se manifesta no período de latência. Contudo, neuroses infantis podem ocorrer durante esse período de latência, provocadas pelo retorno do recalcado.

No caso do Homem dos Lobos, a rivalidade com o pai está longe de se realizar; ela é, pelo contrário, substituída desde a origem por uma relação de afinidade eletiva com ele. O Homem dos Lobos sempre amou seu pai, que era muito gentil com ele. Sua preferência afetiva se dá, sem sombra de dúvida, pelo pai. Nem nos seus atos nem no seu ser ele é castrador. Tendo adoecido muito cedo, ele foi se mostrando, paulatinamente, mais castrado do que castrador.

Contudo, Freud nos diz que o medo da castração domina toda a história desse enfermo. Por quê? Freud é levado a se perguntar se isso se dá em função de um esquema filogenético. Na verdade, é a relação de ordem simbólica com o pai que o sujeito busca conquistar, e da qual espera uma satisfação.

Tudo se passa, com efeito, como se a criança, sobre o fundamento de uma relação real e por razões ligadas à sua entrada na vida sexual, buscasse um pai castrador. Ele busca o pai simbólico, que não é seu pai real. Logo depois da sedução da irmã, ele queria que o genitor fosse um personagem que pune, que o pai tivesse com ele relações punitivas. Se a criança tem uma atitude provocadora em relação ao pai, é porque busca a satisfação de ser punida por ele.

Acrescentemos que a diferença entre o pai simbólico e o pai real, tão manifesta nesse caso, não é coisa rara.

## A sublimação religiosa

Outro dado do caso, que é igualmente importante para esclarecer nossa pesquisa, é a instrução religiosa que lhe foi dispensada por uma mulher.

Freud considera essa instrução religiosa como um fator de apaziguamento. É uma sublimação. Segundo a imagem corriqueira que se tem da sublimação, trata-se da passagem de um instinto a um registro mais sublime. Na linguagem de Freud, a sublimação tem um sentido diferente: é a iniciação de um sujeito em um símbolo mais ou menos socializado e que é objeto de uma crença universal. A criança se acalma por um tempo, graças à mediação dessa sublimação. Isso não impede que a religião seja, para Freud, uma ilusão, pois sua estrutura dogmática lhe parece mítica.

Para Freud, o desejo do homem exige o reconhecimento para que possa se satisfazer. Esse reconhecimento se torna o próprio objeto do desejo do homem. Quando o homenzinho não encontra a via desse reconhecimento sob a forma de uma religião, ele cria para si uma religião, e isso é a neurose obsessiva. A religião evita que ele caia nisso.

O que a instrução religiosa ensina à criança é o nome do Pai e o nome do Filho, mas continua a lhe faltar o Espírito, ou seja, o sentimento de respeito. A religião traçava para ele as vias que lhe permitiam constatar seu amor pelo pai sem o "sentimento de culpabilidade que é, diz Freud, inseparável das aspirações amorosas individuais", mas lhe faltava uma via plenamente autorizada por um pai que encarnasse o Bem, ou seja, o pai simbólico. É por isso que o vemos revoltar-se logo contra o masoquismo, que lhe parece inerente ao mito religioso, e criticar a religião. A sublimação religiosa não se sustenta por muito tempo, já que o repetidor que pode encarnar a função do Pai proferiu que "a religião é piada". É que, nesse caso, a criança não pôde se identificar com uma imagem propriamente paterna que preenchesse a função simbólica do pai. Não há *super-ego*.

Da mesma forma, a criança não pôde realizar o complexo de Édipo normativo. Suas relações no triângulo edipiano mostram-na identificada à mãe. O objeto de seus desejos é o pai.

Como sabemos isso? Graças ao sonho de angústia.

## O estranho

Nos antecedentes imediatos desse sonho, encontramos a espera do "duplo dom". Como vocês sabem, o Homem dos Lobos queria ao mesmo tempo um presente de Natal e outro de aniversário. Qual a significação desse duplo dom?

Enquanto a existência do presente de Natal manifesta na regra a transcendência da criança em relação ao adulto, o duplo dom esperado pelo Homem dos Lobos demonstra a duplicidade de sua posição em relação ao pai e ao mundo dos adultos. A criança é o estranho que escapa à ordem na qual nos reconhecemos. Ela sente que há, da parte do adulto, todo um mundo organizado no qual não é propriamente iniciada.

Ela não é iniciada no plano do amor: a relação criança-adulto é de amor, mas seu amor é também repelido. Também não o é no plano do saber: a criança percebe tudo, mas, por outro lado, não sabe tudo. Em contrapartida, no plano da linguagem, uma criança é introduzida de um só golpe em um sistema completo, que é o sistema de uma língua, e não a soletração da realidade.

O duplo dom significa que o Homem dos Lobos, que se considera filho apenas de seu pai, quer receber dele, a mais, um dom de amor real. Eis em torno do que o sonho-pesadelo essencial se cristaliza. É um sonho de angústia.

A angústia não está sempre ligada ao retorno do recalcado à consciência. O que está recalcado não foi memorizado simbolicamente. Há aqui duas memórias a distinguir: a criança se lembra bem de algo que existiu, mas isso não pode ser rememorado no plano simbólico. Isso de que se trata determina, todavia, todo o seu comportamento posterior, tendo como resultado essa sexualidade fendida em pedaços.

É esse o drama do desenvolvimento dessa criança.

## A análise do sonho dos lobos

Há, na análise desse sonho, dois planos a distinguir.

Primeiramente, há o plano dos mitos. Esse deve ser colocado no registro de sua tentativa de assumir os mitos capazes de socializar os instintos, tais como aqueles da religião, conforme vimos. O conto tem, por si mesmo, um valor de satisfação que sutura; ele introduz o sujeito em um meio de comunicação que, como tal, o satisfaz.

Mas, depois disso, não há mais nada. No plano da interpretação, o sujeito está ausente. É Freud sozinho quem interpreta o sonho e que lhe confere o valor de representar a irrupção da própria cena primitiva na consciência noturna.

Para entender esse sonho, é preciso invertê-lo, pois o próprio trabalho do sonho aboliu a realidade visada ao proceder por uma inversão. A janela aberta é o inverso do véu que envolve o sujeito. É um espelho no qual ele vê a si mesmo olhando, sob a forma desses animais que o olham. A cena imóvel dos lobos remete à agitada cena primitiva em que pai e mãe faziam um coito *a tergo* — daí o terror do sujeito, provocando um relaxamento esfincteriano, que representa um presente orgânico do bebê.

Essa cena, impossível de integrar à memória consciente do enfermo e esquecida por ele, ressurge no momento em que tenta mediatizar seu desejo ao criar com o pai uma relação simbólica.

## Feminização inconsciente, narcisismo viril

A relação com o pai é, no inconsciente do Homem dos Lobos, uma relação homossexual passiva. Mas essa relação homossexual é, no plano do eu, recalcada por uma exigência narcísica.

O que é o narcisismo? Não é apenas uma relação libidinal com o próprio corpo. A relação narcísica está centrada na reflexão da imagem especular e na identificação com o outro. O sujeito é, ao mesmo tempo, ele próprio e o outro. A ambiguidade é total.

Só que o narcisismo não é a totalidade da questão, pois há também outra coisa, a saber, que a imagem do outro é erotizada. Qual é a imagem impregnante que, para esse sujeito, assumiu o papel maior nessa erotização? Ali começam todas as questões que se referem à bissexualidade.

O que acontece com o Homem dos Lobos? Feminizado no inconsciente, com a última energia que lhe resta, o sujeito escolhe justamente a posição oposta, no plano do eu, a saber, a posição viril. Como explicar isso?

Proponho referirmo-nos às relações que existem na natureza entre a exibição [*parade*] e o acasalamento [*pariade*]. A exibição prepara o acasalamento, ou seja, a formação do casal [*couple*] e a copulação [*accouplement*]. O indivíduo se confronta com certa imagem que ele precisa realizar, de modo inclusive bastante contingente, e se estabelece então uma reação de exibição, que é um conjunto de comportamentos estereotipados, com desfile, emissão de sinais etc. É uma espécie de prova da qual resulta uma mudança na atitude dos parceiros: um e outro, um em relação ao outro, se reconhecem, e a partir disso uma espécie de esquema inato se completa, de tal modo que os respectivos papéis dos sexos são fixados, repartidos, de uma vez por todas.

A referência imaginária que o Homem dos Lobos toma dos dois personagens da cena primitiva não é sem analogia com o processo que acabo de evocar, exceto que, no caso dele, há conflito. Entre os dois, é com a mãe que ele se identifica, mas essa impressão feminizante entra em conflito com sua experiência do corpo próprio, corpo especular completo, fálico.

Freud destacou essa experiência subjetiva do corpo próprio na lição sobre "A feminilidade", na qual mostra que a relação do sujeito com a imagem unívoca e fálica de seu corpo constitui um fenômeno que apresenta como tal uma característica original na experiência clínica.

No Homem dos Lobos, tudo se passa como se esse fenômeno de relação imaginária com o corpo próprio recobrisse, apagasse, tudo o que pertence ao registro da identificação com a mãe. A identificação feminina encontra-se assim rejeitada e permanecerá, para o enfermo, do lado da imagem do corpo despedaçado, anterior à imagem especular do corpo completo e por detrás dela. É por isso que a libido narcísica demanda, no caso dele, ser confirmada pela denegação absoluta de seu teor homossexual. A prevalência da imagem completa, ou seja, fálica, do corpo permanecerá para ele ameaçada, ainda que toda evocação da imagem despedaçada do corpo provoque o ressurgimento, nele, de um estado anterior do eu, com aparição da angústia.

Assim se explica o caráter narcísico de sua afirmação viril. Vem daí também sua dificuldade de alcançar um objeto heterossexual.

Sua inegável identificação com a irmã evidencia isso. Há entre ela e ele um ano e meio de diferença, o que é a boa distância, "a nota sensível" no sentido musical, para que ele se identifique com ela, a tal ponto que, uma vez morta, ela será reabsorvida nele. É também isso que explica que ele não tenha podido aceitar os problemas apresentados pela irmã, que lhe teriam dado acesso a um estádio propriamente genital.

No homem, como na mulher, a identificação só se produz de modo correto com a condição de se dar por meio de um modelo realizado adulto, feminino ou masculino. Nos adultos a prova é apassivadora para um, motivante para o outro. A diferença está ligada ao estádio do espelho. É porque o sujeito humano se antecipa na sua imagem completa antes de alcançá-la que existe fantasia de castração: o pênis pode ser tomado ou retirado.

Disso resulta que a identificação narcísica é frágil e sempre ameaçada.

## Observação sobre a oblatividade

Ao ligar a oblatividade com a maturação da função genital, a escola francesa acertou na mosca. A oblatividade é de fato uma relação de dom constitutiva de um acesso pleno à sexualidade humana. Esse é seu sentido verdadeiro. Ocorre que seu laço com a sexualidade é bastante complexo e passa pelo plano simbólico. A oblatividade não é o altruísmo. O altruísmo está ligado à identificação narcísica com o outro, ao passo que a oblatividade é uma relação simbólica, que faz com que o desejo do homem se reconheça e se mediatize pelo desejo do outro. Ela se inscreve em uma espécie de corte do desejo do outro.

## IV. A contratransferência de Freud

A OBSERVAÇÃO DO HOMEM DOS LOBOS não só nos traz esclarecimentos sobre a questão da transferência como nos permitiu até abrir o problema de um modo mais amplo, que a ultrapassa em muito, desembocando no estudo da historicidade.

### Uma transferência não liquidada

A observação de Ruth Mack Brunswick revela claramente que o que resta após o tratamento com Freud é mais que um resíduo mórbido. A transferência estava no centro do tratamento com ela.

Durante todo o período de tratamento com ela, o enfermo não estava mais em questão, só se falava de Freud. O que ele representou para o paciente ficou todo o tempo em primeiro plano. O dom da fala entre Freud e seu paciente mudou algo na posição recíproca daqueles que se falaram. A segunda parte da história do Homem dos Lobos vê a transferência se colocar como intermediária entre o analisado e o analista.

Ruth Mack Brunswick se pergunta qual foi a causa do segundo ataque mórbido, o que determinou a segunda doença. Não há dúvida de que é a transferência. Ela exprime isso em termos de afetividade, dizendo que o que se operou é uma espécie de tendência fundamental nas relações afetivas do sujeito.

Freud diz ter analisado a transferência quando o paciente retornou pela segunda vez. Quanto a Ruth Mack Brunswick, ela destaca a passividade primordial do sujeito e esclarece o fato de que Freud o encurralou com uma data, fixando um prazo. Certamente ele não fez isso sem suas razões, pois de fato vemos os pacientes reterem algo até o limite, mas pode-se também pensar que, nesse caso, o sujeito assim forçado manteve uma posição particular. Aí está a mola da transferência não liquidada.

A sra. Mack Brunswick diz também que não é costumeiro que, durante uma análise profunda, uma parte das atitudes possíveis de um sujeito não se revele, sendo, portanto, curioso que a atitude paranoica do Homem dos Lobos nunca tenha se manifestado com Freud, ainda que sua análise tenha sido total, a ponto de esgotar o material.

Desse modo, portanto, o argumento de que um núcleo teria ficado fora de alcance não é válido.

## O pai castrador e o pai mortífero

Quais foram as diferentes relações paternas do sujeito? Esforcemo-nos por destacar todas aquelas de que ele se mostrou capaz.

Vemos encarnar, ao longo da última fase da doença, dois tipos de relações paternas.

Os dentistas e dermatologistas formam duas séries de personagens muito diferentes, correspondendo à diferença entre a castração paterna buscada pelo sujeito e a identificação subjetiva induzida pelo pai.

De um lado, os pais castradores, representados pelos dentistas. Eles lhe arrancam os dentes, bons ou ruins, mas ele não lhes quer mal. Quanto mais o fazem, mais valor isso terá. Isso mostra o que o sujeito busca, a saber, a castração. De sua parte, ele experimenta desconfiança, mas essa desconfiança não o impede de confiar neles. Quanto mais desconfia, mais se entrega.

Distingue-se, por outro lado, um segundo tipo paterno, o dos pais mortíferos. Esse tipo não se inscreve no âmbito edipiano, mas se situa no plano da relação imaginária mais primitiva. Ele está ligado muito precisamente à imagem da cena primitiva e identifica o sujeito a essa atitude passiva que é para ele causa de uma angústia extrema, pois equivale ao despedaçamento primitivo.

A aparição de um personagem proveniente deste último tipo paterno é, portanto, uma ameaça mortal para o eu do sujeito, que tem por efeito desencadear nele uma reação de fuga. Ele se esconde em uma espécie de pânico. É o contragolpe, ambivalente, de uma agressividade radical, renovação do mal-estar, da desordem primordial. O perigo vem então do interior, e ele precisa escolher: ou recalcar ou então tudo questionar acerca de suas posições.

Quanto ao nariz, ele representa para o Homem dos Lobos um símbolo sentido, imaginário, na medida em que portaria o furo que todos os outros poderiam ver.

À medida que se desenvolve a análise com Ruth Mack Brunswick, vemos o sujeito passar por fases sucessivas, oscilando entre o personagem castrador e o outro, personagem mortífero, encarnado no professor X., seu inimigo mortal.

### O filho favorito de Freud

O que aconteceu com sua relação com Freud? O Homem dos Lobos se considera como seu filho favorito.

Contudo, essa relação não é isenta de desconfiança. A reação típica que corresponde a isso, seu signo emergente, é a hipocondria. É nesse contexto que, no momento que Freud decide enviar-lhe uma renda, a pretexto de ele estar arruinado, o paciente lhe esconde que não está sem recursos, pois conseguira recuperar algumas joias de sua fortuna desaparecida. Essa dissimulação é tanto mais significativa por ele ser até então considerado, merecidamente, um homem honesto.

A renda que Freud lhe enviou seria aos olhos dele uma prova de amor? Ou deveríamos considerá-la como algo ligado à realidade, a saber, ao fato de que Freud o havia impedido de retornar à Rússia para recuperar seus bens quando isso ainda era possível? Há aí uma aflição surda, compensada, no entanto, pelo fato de ele acreditar que Freud lhe dera esse mau conselho por amor, para segurá-lo. O que quer que seja, aos olhos do Homem dos Lobos essa renda, esse dom em dinheiro, lhe era devido.

O destino favorece a sra. Mack Brunswick ao lhe permitir penetrar nas posições do enfermo. No momento da morte do professor X., ela dá efetivamente um primeiro passo à frente em relação às defesas do paciente, que lhe revela na hora o que havia por trás de seu sintoma hipocondríaco: "Ele está morto", diz, "portanto não poderei mais matá-lo". Eis a fantasia que primeiro emerge, e é seguida pelo conteúdo persecutório por muito tempo mantido em banho-maria. O desaparecimento do objeto suprime sua saturação em uma relação, mas tal saturação pode subsistir sob a forma de tensão.

Foi então que a sra. Mack Brunswick interpretou: "O professor X. é Freud". O sujeito negou, pois em relação a Freud a posição na qual se colocava era a de filho favorito. A outra face do delírio de perseguição aparece então, e é um delírio de grandeza. Não nos enganemos: é a mesma coisa de forma diferente. É o que indica, por exemplo, o sonho em que o professor X. aparece como seu analista.

O passo seguinte foi dado por Ruth Mack Brunswick, que o pressiona o suficiente em seus entrincheiramentos para desmantelar sua posição de filho favorito. As coisas são então abordadas no plano da realidade atual da análise: em que medida Freud está realmente presente ali? Quando a sra. Mack Brunswick lhe mostra que Freud não se interessa pelo seu caso, pois o sujeito se comporta como um louco, Freud aparece logo em seguida em um sonho espetacular, o do pai doente parecido com um músico ambulante. É um sonho em espelho — o pai é ele mesmo e Freud, contra quem ele lança a reivindicação: "Ele recusou sua velha música, é um judeu, um maldito judeu".

Todas as relações que ele teve com Freud são então colocadas em questão. Revela-se que essas relações são apenas relações com um objeto: elas são essencialmente narcísicas e agressivas. Nesse momento o sujeito está no auge de sua desordem.

A sequência dos sonhos mostra, contudo, progressos no sentido de retorno à realidade.

## Retorno à realidade

O fundo da questão é o sentido de seu próprio desejo, a saber, os lobos.

No sonho da muralha ele está de um lado, e do outro estão os lobos, representando a origem instintual desses transtornos. A sra. Mack Brunswick estava no limiar da muralha. É a simbolização do papel de seu desejo na determinação da sua psicose. O desejo dele é que seus desejos sejam reconhecidos pelo outro, e encontrem assim o seu sentido.

O sonho da destruição dos ícones marca um outro giro do tratamento. Os ícones representam a mola, a significação fundamental do dogma cristão, a saber, o Deus encarnado em um homem. Repelir as imagens santas é negar a Encarnação. As relações entre Deus-Pai e o Filho eram por ele percebidas como masoquistas, e o remetiam à sua angústia fundamental diante da passivação absoluta da cena primitiva.

Todo o seu eu [*moi*] é apenas a negação de sua passividade fundamental. Seu tipo de identificação está fundado na relação simbólica humana e cultural, que define o pai, não só como o genitor mas também como o mestre com poder soberano, tendo com ele uma relação de senhor com o escravo.

Toda a história do sujeito é escandida pela busca vã de um pai simbólico e punidor. Dessa transferência paterna, o que Freud viu ali de mais claro foi o temor do sujeito de ser devorado.

## O dom da fala e a função do dinheiro

Devemos aqui lembrar a concepção dialética que convém adotar quanto à experiência analítica.

Na relação da fala em si, todos os tipos de relações possíveis entre os seres humanos se manifestam. Há uma diferença entre um sujeito que diz "Eu sou assim" e aquele que diz "Peço-lhe que me diga quem sou". Mas, mesmo quando a fala assume uma função de desconhecimento ou de mentira deliberada, uma certa relação continua, no entanto, a existir com o que ela é encarregada de fazer reconhecer, ainda que o negando.

O que se passa entre o sujeito e seu analista é um dom, o da fala, em torno do que se estabelece uma certa relação de transferência, no final da qual o sujeito se faz reconhecer. O sujeito faz dom de sua fala e, além disso, dá dinheiro. Por quê? Há aí um aparente paradoxo, que se resolve se nos apercebemos de que o dom de dinheiro não é uma pura e simples retribuição, como de resto a palavra "honorários" demonstra. Ele é antes da ordem das prestações devidas pelos tais primitivos às coisas que eles sacralizavam. O dom de dinheiro feito ao analista tem a mesma significação que o dom que o discípulo faz ao mestre: ele constitui o mestre como fiador da fala, ele assegura que o senhor não o troque, que ele continuará a cuidar de seu discípulo.

Qual foi a função do dinheiro no conjunto da história do Homem dos Lobos?

Lembremos que se trata aqui de um sujeito que tem uma estrutura mental de "rico". O modo de relação dialética que prevalece no Édipo entre o filho e o pai leva a uma identificação com um pai que seja um verdadeiro pai, ou seja, um mestre com responsabilidades e que assume riscos, uma vez que a estrutura burguesa das relações sociais, aquela que vigora atualmente, é muito diferente. O que se transmite nesse contexto é essencialmente o patrimônio.

Desse modo, no momento da morte da irmã, o sentido que emerge para o sujeito é: "Eu sou o único a herdar". O poder encarnado pela riqueza tem um caráter alienante, particularmente evidente no caso dele, e recobriu sua relação com o pai, relação que nunca pôde ser mais do que narcísica. Que um enfermo como aquele tenha ido ver Freud mostra que na sua miséria, sua abjeção de rico, ele é capaz de demandar alguma coisa. Qual é a mola da nova relação que ele tenta estabelecer com esse mestre a quem demanda um socorro? É a via pela qual ele gostaria de estabelecer uma relação paterna que o fosse de fato.

Ele não conseguirá isso, pois Freud era um pouco mestre demais. Seu prestígio pessoal tendia a abolir, entre ele e o enfermo, um certo tipo de transferência. Freud foi excessivamente identificado com um pai supremo demais para ser eficaz. Essa identificação deixou o sujeito em seu circuito infernal.

Pode-se dizer que, de fato, esse sujeito nunca teve um pai que simbolizasse e encarnasse "o Pai". Deram-lhe, em vez disso, apenas o nome do Pai. O Homem dos Lobos tinha inicialmente uma real relação de amor com seu pai, mas esta reativava nele a angústia da cena primitiva. Daí sua busca do pai simbólico, que no entanto desencadeia o medo da castração, o que o lança de volta em direção ao pai imaginário da cena primitiva. E então se estabelece um círculo vicioso.

O Homem dos Lobos nunca pôde assumir suas relações com Freud, que era para ele, se podemos dizer desse modo, um pai forte demais. Foi por isso que Freud teve de fazer a restrição temporal e dar a ele, por assim dizer, a palavra de sua história. Mas ele, o enfermo, não conquistou isso, nem o assumiu. O sentido permaneceu alienado do lado de Freud, que permaneceu como o possessor.

A questão do dinheiro deve ser situada no mesmo plano. Freud faz o Homem dos Lobos, como um homem muito rico, pagar, e para tal enfermo, assim tão rico, esse pagamento não tinha significação. Só no final representou uma espécie de castração. Ali se encontra a dialética do duplo dom.

Foi assim ao longo de toda a observação. Quando o sujeito reencontra Freud por um sintoma histérico, sua constipação, este levanta esse sintoma muito facilmente, mas em outro plano uma bela catástrofe se passa: Freud se deixa implicar em uma espécie de culpabilidade ao avesso e faz dela uma renda. Desse modo o sujeito passa à posição de múmia psicanalítica, uma vez que já apresentava grande dificuldade de assumir a sua pessoa.

O paranoico se acredita objeto do interesse universal e o sujeito constrói seu delírio narcísico.

A ação de Freud, invertendo a direção do dom de dinheiro, ajudou e sustentou a realização narcísica do eu do sujeito.

## Posição e ação de Ruth Mack Brunswick

Se o gênio de Ruth Mack Brunswick foi grande, ela nem sempre formula tão bem o que foi sua ação.

Ela estava objetivamente entre Freud e o enfermo, mas, subjetivamente, Freud sempre estava entre o enfermo e ela.

Se ela pôde fazer algo, foi na medida em que coincidia, por posição, com o personagem da irmã. Pode-se dizer que ela foi bem-sucedida no ponto em que a irmã fracassou — fracassou porque estava, como o pai, perto demais do enfermo. Ela havia feito sua identificação com o pai e estava identificada ao pai pelo enfermo. Na sua relação com o irmão, era ativa de um modo próximo demais, traumático, fazendo surgir nele o mesmo pânico da passivação que ele experimentara diante do pai.

Em contrapartida, Ruth Mack Brunswick soube ao mesmo tempo participar de certa dureza própria ao personagem paterno, e, por outro lado, se submeter à realidade do sujeito. Ela conseguiu, de certo modo, obter do sujeito que ele retomasse o curso de sua vida, utilizando-se do que os chineses chamam de "doçura maleável da mulher". Ela soube lhe mostrar que não aderia totalmente às posições de Freud e portanto não estava identificada ao pai, que ela não era "forte demais". O sujeito foi reengendrado por ela, mas dessa vez de modo adequado — aqui ela se distingue da irmã.

Se o tratamento foi igualmente gratuito, a gratuidade não desempenhou o mesmo papel que tivera com Freud. Esse tratamento não foi da mesma ordem do que se passa em uma análise. Mais do que uma análise propriamente dita, foi uma psicopedagogia, em que se discutia a realidade.

O desfecho foi favorável. O sujeito se descolou da imagem do pai todo-poderoso. Ele conseguiu ver que esse pai

não o amava tanto assim. Ele aceitou não ser um mestre.
Ele conseguiu sair do impasse.

Digamos, para concluir, que a análise do Homem dos Lobos foi influenciada pela pesquisa na qual Freud estava envolvido, relativa à realidade ou não das cenas primitivas. Vemos, ao longo dessa análise, as estreitas relações entre transferência e contratransferência.

*Algumas indicações bibliográficas*

FREUD, Sigmund. "Da história de uma neurose infantil" [1914-8]. In: *Edição standard das obras psicológicas de Sigmund Freud*, v. XVII. Rio de Janeiro: Imago, 1980, pp. 19-152.

_____. "Sexualidade feminina" [1931]. In: *Edição standard das obras psicológicas de Sigmund Freud*, v. XXI. Rio de Janeiro: Imago, 1980, pp. 259-82.

FREUD, Sigmund; BREUER, Joseph. *Estudos sobre a histeria* [1893-5]. In: FREUD, Sigmund. *Edição standard das obras psicológicas de Sigmund Freud*, v. II. Rio de Janeiro: Imago, 1980.

LACAN, Jacques. "Formulações sobre a causalidade psíquica" [1946]. In: *Escritos*. Rio de Janeiro: Zahar, 1998, pp. 152-96.

_____. "Função e campo da fala e da linguagem em psicanálise" [Relatório do congresso de Roma, 1953]. In: *Escritos*. Rio de Janeiro: Zahar, 1998, pp. 238-324.

MACK BRUNSWICK, Ruth. "Supplément à l'"Extrait de l'histoire d'une névrose infantile' de Freud" [1928]. In: GARDINER, Muriel (Org.). *L'Homme aux loups par ses psychanalystes et par lui-même*. Paris: Gallimard, 1981, pp. 268-313.

MILLER, Jacques-Alain. "L'Homme aux loups" [1987-8], *La Cause freudienne*, n. 72, pp. 79-132, nov. 2009, e n. 73, pp. 64-117, dez. 2009. [Ed. bras.: "O Homem dos Lobos (1ª parte)", *Opção Lacaniana*,

n. 56-7, jul. 2010, e "O Homem dos Lobos (2ª parte)", *Opção Lacaniana*, n. 59, mar. 2011.]

\_\_\_\_\_. "L'Homme aux loups schopenhauerien I e II" [1988], *Letterina*, n. 4, pp. 5-10, jul. 1993, e n. 5, pp. 3-8, set. 1993.

# Dissolução

## Dissolução!

No dia 5 de janeiro de 1980, Lacan endereçava aos membros da Escola que ele havia fundado, a Escola Freudiana de Paris, uma carta anunciando sua intenção de dissolvê-la. Ele leu essa carta no dia seguinte ao seu Seminário, e em seguida deu cinco aulas, cujo texto, redigido previamente, foi publicado na revista *Ornicar?*, que eu dirigia. O conjunto dos textos foi aqui reproduzido na sua integralidade.

Jacques-Alain Miller

# Carta de dissolução

Falo sem a mínima esperança — de me fazer ouvir particularmente.

Sei que faço isso — acrescente-se aí o que isso comporta de inconsciente.

Aí está a minha vantagem sobre o homem que pensa e não percebe que primeiramente ele fala. Vantagem que devo exclusivamente à minha experiência.

Pois no intervalo que vai da fala que ele desconhece ao pensamento que ele acredita produzir, o homem se enrosca, o que não o encoraja.

De forma que o homem pensa de maneira débil, tão mais débil que se enraivece… justamente por se enroscar.

Há um problema da Escola. Isto não é um enigma. Também me oriento nisso, não muito cedo.

Esse problema se demonstra como tal, por ter uma solução: é a *dis* — a dissolução.

Entenda-se: a da Associação que dá a esta Escola o status jurídico.

Basta um partir para que todos estejam livres — essa é, no meu nó borromeano, a verdade de cada um: é preciso que esse um seja eu, na minha Escola.

Tomo essa decisão de interferir porque, caso contrário, ela funcionaria na contramão do que me fez fundá-la.

Ou seja, para um trabalho, eu disse, "que, no campo aberto por Freud restaure a sega cortante de sua verdade; que reconduza a práxis original que ele instituiu sob o nome de psicanálise ao dever que lhe compete em nosso mundo; que, por uma crítica assídua, denuncie os desvios e concessões que amortecem seu progresso, degradando seu emprego". Objetivo que mantenho.

É por isso que dissolvo. E não me queixo dos ditos "membros da Escola Freudiana" — antes eu os parabenizo por terem me ensinado, sobre o ponto em que fracassei, ou seja, me enrosquei.

Esse ensino me é precioso. Dele tiro o máximo proveito.

DIZENDO DE OUTRO MODO, eu persevero.

E convoco a se associarem, mais uma vez, aqueles que, neste janeiro de 1980, queiram prosseguir com Lacan.

Que o escrito de uma candidatura faça com que sejam imediatamente conhecidos por mim. Dentro de dez dias, para encurtar a debilidade ambiente, publicarei as primeiras adesões que aprovarei, como compromissos de "crítica assídua" do que a EFP alimentou em matéria de "desvios e comprometimentos".

Demonstrando em ato que não é por causa deles que minha Escola seria Instituição, efeito de grupo consolidado, às custas do efeito de discurso esperado da experiência, quando ela é freudiana. Sabe-se o que custou a Freud permitir que o grupo psicanalítico prevalecesse sobre o discurso, tornando-se Igreja.

A Internacional, pois esse é seu nome, se reduz ao sintoma do que Freud esperava dela. Mas não é ela que pesa. É a Igreja, a verdadeira, que sustenta o marxismo, dando-lhe sangue novo… com sentido renovado. E por que não a psicanálise, quando ela se volta para o sentido?

Não digo isso por mera paródia. A estabilidade da religião vem do fato de que o sentido é sempre religioso.

Daí minha obstinação pelo caminho dos matemas — que não impede nada, mas demonstra o que seria necessário para acertar o passo do analista com sua função.

Se eu *père-severo*,* é porque a experiência feita convoca à contraexperiência que a compensa.

Não preciso de muita gente. E tem muita gente da qual eu não preciso.

---

* Aqui Lacan equivoca "persevero" [*persévère*] com pai-severo [*père-sévère*], indicando que sua perseverança no propósito de dissolver a Escola neste momento se assemelha à de um pai severo. (N. T.)

Deixo-os, a fim de que me mostrem o que sabem fazer além de me atravancar e mandar por água abaixo um ensino em que tudo *é* pensado.

Será que aqueles que eu admitir farão melhor? Pelo menos poderão se valer do fato de que lhes dou essa oportunidade.

A Diretoria da efp, tal como eu a compus, expedirá o que se arrasta de casos ditos correntes, até que uma Assembleia Extraordinária, que será a última, convocada em tempo oportuno, conforme a lei, proceda à devolução de seus bens, que terão sido estimados pelos tesoureiros, René Bailly e Solange Faladé.

Jacques Lacan,
*Guitrancourt, neste 5 de janeiro de 1980*

## 1. O Outro falta

Estou no trabalho do inconsciente.

O que ele me demonstra é que não existe verdade que responda ao mal-estar, senão aquela particular a cada um daqueles que chamo de *parlêtres*.

Não existe aí impasse comum, pois nada permite presumir que todos confluem.

O uso do um, que só encontramos no significante, também não funda minimamente a unidade do real. Exceto ao nos fornecer a imagem do grão de areia. Não se pode dizer que, mesmo fazendo um monte, ele faça tudo. É preciso aí um axioma, ou seja, um posicionamento de dizê-lo como tal.

Que ele possa ser contado, como diz Arquimedes, não é aí senão signo do real, e não de um universo qualquer.

Não tenho mais Escola. Eu a ergui do ponto de apoio (ainda Arquimedes) que tirei do grão de areia da minha enunciação.

Agora tenho um monte — um monte de gente querendo que eu os receba. Não vou fazer disso um todo.

Não um todo.

Não preciso de muita gente, disse eu, e é verdade — mas de que serve dizer isso se há muita gente que precisa de mim?

Pelo menos que acredita (precisar de mim). Que acredita o suficiente para dizê-lo a mim por escrito.

E por que não acreditaria, eu também? Já que me incluo entre os tolos [*dupes*], como todos sabem.

Não espero nada das pessoas, e alguma coisa do funcionamento. É preciso que eu inove, já que essa Escola, eu a perdi, por ter fracassado em produzir Analistas desta [*d'icelle*] (AE)* que estejam à altura.

A qual dos eleitos de meu júri de aprovação eu teria aconselhado votar em si mesmo se porventura estivesse ali como passante, tendo se apresentado hoje?

Também nada me apressa a refazer escola.

Mas, *sem que eu leve em conta as posições tomadas por qualquer um, no passado, a respeito de minha pessoa* — citação de 1964 —,** aquele que, tendo declarado prosseguir comigo, se o fizer em termos que a meu ver não desmintam previa-

---

* Analista da Escola, designado ao final de sua análise como capaz de testemunhar, durante três anos, sobre questões cruciais para a psicanálise.
** A citação em questão é de "Ato de fundação", incluído nos *Outros escritos*. (N. T.)

mente tal declaração, ao proceder desta forma, admitirei que se associe.

Sem prejulgar quem é quem, mas remetendo-me à experiência por fazer, de preferência freudiana.

Assim como o encontro célebre dos apaixonados por ocasião de um baile no Ópera. Foi um horror quando tiraram as máscaras: não era ele, e nem ela, aliás.

Ilustração de meu fracasso nessa *Heteridade* — perdoem minha arrogância — que me decepcionou o suficiente para que eu me livre do enunciado de que *não existe relação sexual*.

FREUD, por sua vez, parte da sua causa fálica para dela deduzir a castração, o que não se dá sem manchas, que me encarrego de limpar.

Contrariamente ao que se diz, do gozo fálico "a" mulher, se ouso dizer, já que ela não existe, não permanece privada.

Ela não o tem menos que o homem, ao qual está pendurado seu instrumento (*organon*). Por menos que seja provida (pois reconheçamos que é uma hipótese remota), ela não obtém dele menos efeito do que limita a outra borda desse gozo, a saber, o inconsciente irredutível.

É mesmo nisso que "as" mulheres, pois estas existem, são as melhores analistas — e ocasionalmente as piores.

É com a condição de não se atordoar com uma natureza antifálica, da qual não há vestígio no inconsciente, que elas podem ouvir o que desse inconsciente não consegue [*ne tient pas à*] se dizer, mas alcança [*attient à*] o que disso se elabora como lhes proporcionando o gozo propriamente fálico.*

O OUTRO FALTA. Isso é engraçado para mim também. No entanto, seguro as pontas, o que os espanta, mas não o faço por isso.

Um dia, ao qual inclusive aspiro, o mal-entendido me espantará [*épatera*] tanto por vir de vocês, que serei *páthico* [*pathique*] a ponto de não mais segurar as pontas.

Se acontecer de eu partir, digam que é a fim — de ser Outro enfim.

Alguém pode se contentar de ser Outro como todo mundo, depois de uma vida querendo sê-lo, apesar da Lei.

*15 de janeiro de 1980*

*O texto desse seminário foi publicado no jornal* Le Monde *do dia 26 de janeiro de 1980, precedido da seguinte carta:*

---

* Em francês há nessa passagem um trocadilho que se perde na tradução, entre *"ne tient pas"* [não consegue] e *"attient à"* [alcança]. (N. T.)

## Carta ao jornal *Le Monde*

Envio ao *Monde* o texto desta carta, com meu seminário do dia 15 de janeiro, caso queiram publicá-lo inteiro.

A fim de que se saiba que comigo ninguém aprendeu nada de que se gabar.

Sim, o psicanalista tem *horror* de seu ato. A ponto de negar, denegar e renegar — e maldizer aquele que o lembra, Lacan Jacques, para não o nomear, e até insurgir-se contra Jacques-Alain Miller, odioso por se demonstrar o *ao-menos-um* a lê-lo. Sem maiores considerações devidas aos "analistas" estabelecidos.

Meu passe os apanhou tarde demais, quando já não tenho nada que valha a pena?

Ou foi por tê-lo confiado aos cuidados de quem demonstra não ter percebido nada da estrutura que o motiva?

Que os psicanalistas não pranteiem isto de que os alivio. A experiência, não a abandono. O ato, dou-lhes a oportunidade de enfrentá-lo.

*24 de janeiro de 1980*
JACQUES LACAN

## II. D'e[s]colagem

EIS-ME AQUI, o homem coberto de cartas.

Meu colega Drieu* era, ou se acreditava, um homem coberto de mulheres, a ponto de fazer disso o título de um de seus romances.

Título com o qual me denominaram meus colegas da sala dos médicos — quando eu só tinha duas (mulheres) como todo mundo, a se ocupar de mim, e discretamente, rogo-lhes que acreditem nisso.

Essas cartas, eu as levei a sério. Quero dizer: eu as tomei uma por uma, como se faz com as mulheres, e fiz a minha lista.

Consegui chegar ao final desta pilha.

Há pessoas que se queixam de que eu as esqueci. É bem possível. Que se dirijam à Glória.

---

* Pierre Drieu La Rochelle (1893-1945), intelectual e romancista francês. Simpatizante do fascismo e colaboracionista, suicidou-se pouco antes da derrota da Alemanha. (N. T.)

Encontrei umas mil, talvez até mais.

Mas é preciso que eu faça uma diferença entre essas mil, uma vez que alguns têm um *luto* a fazer por uma Escola pela qual outros não o têm.

O luto é um trabalho, é o que se lê em Freud. É o que peço àqueles da Escola que querem ficar comigo pela Causa Freudiana.

A estes, escrevi uma carta, ontem à noite. Eles vão recebê-la.

Eis o que digo a eles:

*Delenda est.* Dei o passo de dizer; a partir de então, é irreversível.

Como demonstra o fato de que ao retornar não se encontra nada além de algo a que se prender — ali eu fiz menos Escola... do que cola.

Dissolvida ela está, por causa do meu dito. Resta que o seja *pelo de vocês* também.

Caso contrário, a sigla que vocês receberam de mim — EFP — cairá nas mãos de comprovados falsários.

Frustrar a manobra cabe àqueles da Escola que reúno neste sábado.

Acreditem em mim: não admitirei a brincar/lutar na Causa Freudiana quem não estiver seriamente *d'escolado.*\*

---

\* Em francês há uma homofonia entre as palavras *s'ébattre*, se divertir ou brincar, e *se battre*, lutar. (N. T.)

Assinei isto ontem, no dia 10 de março.

Pois o erro de Freud foi ter deixado os analistas sem recurso, e inclusive sem outra necessidade que não a de se sindicalizar.

Tentei inspirar-lhes outro anseio, o de *ex-sistir*. Nesse ponto fui bem-sucedido. Isso se evidencia nas precauções com que se contorciona a volta aos trilhos.

O que não é verdade para todos, já que há o suficiente deles para seguir o meu caminho, para subsistir de um laço social nunca surgido até então.

O que mais dá prova de minha formação do que me acompanhar no trabalho, pois existe um, da dissolução?

Cabe agora a eles contar a si mesmos.


Agora passo aos outros, que não têm esse trabalho a fazer por não terem sido de minha Escola — sem que se possa dizer que não tenham se intoxicado com ela.

Com eles, sem demora, dou início à Causa Freudiana — e restabeleço a favor deles o órgão de base retomado da fundação da Escola, que é o cartel, cuja formalização aprimoro depois de ter feito a experiência.

*Em primeiro lugar* — Quatro se escolhem, para prosseguir em um trabalho que deve ter um produto. Específico: produto próprio a cada um, e não coletivo.

*Em segundo lugar* — A conjunção dos quatro se dá em torno de um *Mais-Um*, que, se é qualquer um, deve ser alguém. Ficará a cargo dele velar pelos efeitos internos à empreitada, e provocar sua elaboração.

*Em terceiro lugar* — Para prevenir o efeito de cola, deve haver permutação ao final de um ano, no máximo dois.

*Em quarto lugar* — Nenhum progresso deve ser esperado, a não ser a periódica colocação a céu aberto dos resultados, assim como das crises do trabalho.

*Em quinto lugar* — O sorteio assegurará a renovação regular das referências criadas para fins de vetorizar o conjunto.

A Causa Freudiana não é Escola, mas Campo — onde cada um terá campo para demonstrar o que faz do saber que a experiência deposita.

Campo ao qual aqueles da EFP se juntarão assim que forem aliviados disso que agora os atravanca mais do que a mim.

Abrevio aqui a atualização necessária à viabilização.

Pois preciso terminar aludindo ao mal-entendido, das mulheres que disse em meu último seminário não serem privadas do gozo fálico.

Imputam a mim o pensamento de que são homens. Peço-lhes um pouco...

O gozo fálico não as aproxima dos homens, antes as distancia deles, pois esse gozo é obstáculo ao que as une ao sexuado de outro tipo.

Dessa vez previno o mal-entendido sublinhando que isso não quer dizer que elas não podem ter, com um só, escolhido por elas, a satisfação verdadeira — fálica.

Satisfação que se situa a partir de seu ventre. Mas como que respondendo à fala do homem.

Para isso, é preciso que ela caia bem. Que encontre o homem que lhe fale segundo sua fantasia fundamental, a dela.

Ela extrai dele efeito de amor às vezes, de desejo sempre.

Isso não acontece com muita frequência. E quando acontece, todavia, não faz relação, no escrito, ou seja, ratificado no real.

Freud tinha uma ideia disso que chamei de não-relação, apesar de sua redução do genital ao fato da reprodução.

Não é isso, de fato, o que ele articula sobre a diferença entre a pulsão que ele chama de fálica e aquela que ele afirma subsistir do genital?

Teria ele visto esse dualismo onde estava, sem a experiência da psicanálise?

O gozo fálico é justamente aquele que consome o analisante.

É isso, encerro aqui.

Gostaria que me fizessem perguntas. Façam-nas *por escrito*. Me enviem. Eu as responderei na semana que vem, se valerem a pena.

Na próxima semana, também, eu lhes direi como isso trabalha, a dissolução.

*11 de março de 1980*

## III. Sr. A.

O SR. A., FILÓSOFO, que surgiu de não sei onde para me apertar a mão no último sábado, me fez ressuscitar um título de Tristan Tzara.

Isto data do Dadaísmo, não dos elogios que começam na *Littérature* — revista para a qual não forneci nenhuma linha.

Imputam-me, frequentemente, um surrealismo que está longe de ser de meu humor. Provei isso contribuindo apenas indiretamente, e muito tardiamente, para provocar André Breton. Devo dizer que Éluard me enchia de ternura.

O sr. A. não me enternece, pois ele me fez voltar ao título: *sr. Aa o antifilósofo.*

Isso me deixou estupefato.

Ao passo que, quando encontrei Tzara, que estava instalado na mesma casa que eu, na rue de Lille, nº 5, "A instância da letra" não fez qualquer diferença para ele. Mesmo assim eu achava que dizia algo que poderia interessá-lo.

Bem, não mesmo. Vejam como a gente se engana.

Tzara só delirava sobre Villon. Ainda assim ele desconfiava desse delírio.

Eu não precisava de modo algum que ele delirasse a meu respeito. Já havia muita gente fazendo isso. E isso ainda dura.

Como nem todos vocês estavam comigo no sábado e no domingo, pois nem todos, graças a Deus, são de minha pobre Escola, vocês não têm ideia de até onde isso vai, o delírio a meu respeito.

O que me dá esperanças é que Tzara acabou deixando François Villon em paz, assim como eu, aliás.

Esse sr. Aa é antifilósofo. É o meu caso.

*Eu me insurjo*, permitam-me dizer, contra a filosofia. O que é certo é que é algo acabado. Ainda que eu espere que uma rejeição advenha disso.

Essas repercussões muitas vezes sobrevêm com as coisas finitas. Vejam essa Escola arquifinda: até agora havia ali juristas que se tornaram analistas. Bem, agora há quem se torne jurista por não ter se tornado analista.

E ainda uma caricatura de juristas, como Pierre Legendre não os mandou dizer.

Preciso especificar? Nem imagino dissolver a Escola Normal Superior, onde encontrei certa vez a melhor acolhida.

Meu raio caiu bem ao lado, na rua Claude Bernard, onde havia instalado a minha d'Escola, em seus móveis.

A Causa Freudiana, por sua vez, não tem outro móvel além de minha caixa de correio. Solução que tem muitas vantagens: ninguém pede para fazer seminário na minha caixa de correio.

Preciso inovar, disse eu — exceto para acrescentar que: *não sozinho.*

Vejo isso assim: *que cada um coloque aí algo de seu.*

Vão em frente, coloquem-se entre vários, colem juntos pelo tempo necessário para fazer algo, e depois dissolvam para fazer outra coisa.

É preciso que a Causa Freudiana escape ao efeito de grupo que denuncio a vocês. Donde se deduz que ela só existirá de modo *temporário,* quero dizer, se nos desatamos antes de nos colarmos para não poder mais voltar atrás.

Isso não exige grande coisa:

— uma *caixa de correio,* vide acima;

— um *correio,* que divulga o que nessa caixa se propõe como trabalho;

— um *congresso,* ou melhor, um *fórum* onde essa troca se dá;

por fim a *publicação* inevitável, no arquivo.

Pois é preciso, com isso, que eu instaure um turbilhão que lhes seja propício.

É isso, senão a cola está garantida.

Vejam como situo isso por meio de pequenos detalhes. Deixo-lhes seu tempo para compreender.

Compreender o quê? Não me vanglorio de fazer sentido. Também não do contrário. Pois o real é o que se opõe a isso.

Homenageei Marx como inventor do sintoma. Esse Marx, contudo, é o restaurador da ordem, pelo simples fato de que ele insuflou novamente no proletariado a *diz-mensão* do sentido. Bastou para isso que o proletariado o chamasse assim.

A Igreja seguiu esse exemplo, foi o que eu lhes disse no dia 5 de janeiro. Saibam que o sentido religioso vai produzir um boom do qual vocês não fazem qualquer ideia. Porque a religião é o abrigo original do sentido. É uma evidência que se impõe. Para aqueles que são responsáveis na hierarquia mais do que para os outros.

Tento ir contra isso, para que a psicanálise não seja uma religião, tal como ela tem a tendência de ser, irresistivelmente, a partir do momento em que se imagina que a interpretação só opera pelo sentido. Eu ensino que seu motor está alhures, particularmente no significante como tal.

A isso resistem aqueles aos quais a dissolução causa pânico.

A hierarquia só se mantém ao gerar sentido. É por isso que não coloco nenhum responsável em um cargo na Causa Freudiana. É com o turbilhão que eu conto. E, devo dizer, com os recursos de doutrina acumulados em meu ensino.

Passo às perguntas que me fizeram, a pedido meu.

Não vejo por que eu faria objeções a que se formem cartéis da Causa Freudiana no Quebec. Esclareço: com a única condição de que se notifique ao correio da dita Causa.

O Mais-Um é sorteado? — perguntou-me Pierre Soury, a quem respondo que *não*, os quatro que se associam escolhem.

Ele também me escreveu o seguinte, que leio para vocês: "Para os mil da Causa Freudiana, cartéis se formarão inicialmente por escolha mútua e em seguida, por uma redistribuição geral, voltarão a se formar por sorteio no grande conjunto; o que implica que, entre os mil, qualquer um pode ser levado a colaborar em pequeno grupo com qualquer outra pessoa".

Ressalto que não foi isso que eu disse, já que desses mil, que são inclusive muitos, por ora só convido a formar cartéis, os *não-membros* da Escola. Portanto não há "grande conjunto". Isso não implica um sorteio geral, mas apenas para compor as instâncias provisórias que serão as referências do trabalho.

Dito isso, felicito Soury por formular a colaboração na Causa de qualquer um com qualquer um. De fato, é exatamente isso que se trata de obter, mas a termo: que a coisa turbilhone desse modo.

Outra pessoa se inquieta com o que quer dizer precisamente "ser um AE à altura". É um AE quem me faz essa pergunta. Bem, que ele releia a minha "Proposição de 9 de outubro de 1967...". Ele verá que isso inclui pelo menos que se o *abra*.

Outro ainda me pede para articular a relação disso que chamei de "cola" com o que Freud chamava de fixação, a respeito do recalque. É inclusive uma pessoa que não se contentou em me enviar essa pergunta, mas anexou também alguns textos. Para falar a verdade, ela não os enviou, ela os deixou na minha casa ontem.

Trata-se de Christiane Rabant, que ficou sensibilizada, disse-me ela, pelo que me aconteceu articular sobre a carta de amor.

O que está fixado? É o *desejo*, que para ser tomado no processo do recalque, se conserva em uma permanência que equivale à indestrutibilidade.

Eis um ponto ao qual Freud retornou até o fim, sem nunca o abandonar.

É nisso que o desejo contrasta radicalmente com o movimento do afeto.

A perversão é bastante indicativa aí, pois a mais simples fenomenologia evidencia bastante a constância das fantasias privilegiadas. Contudo, se ela nos coloca na direção certa, desde a noite dos tempos, ela não nos dá acesso, dado que foi preciso haver Freud.

Foi preciso que Freud descobrisse primeiramente o inconsciente, para que ele viesse a ordenar, nesse caminho, o catálogo descritivo desses desejos, ou seja: o *destino* das pulsões — como traduzo *Triebschicksale*.

O que se trata de formatar é o laço dessa fixação do desejo com os mecanismos do inconsciente.

Foi precisamente isso que me propus a fazer, pois nunca pretendi *ultrapassar* Freud, tal como um de meus correspondentes me imputa, mas prolongá-lo.

RESPONDEREI ÀS OUTRAS na terceira terça-feira de abril. Perguntas, vocês ainda podem me enviar. Eu não me canso disso.

Há alguns da Escola que querem fazer Jornadas sobre o trabalho da dissolução. Sou a favor. Para esse fim, procurem os nomeados: Colette Soler, Michel Silvestre ou Éric Laurent. Digo isto aos membros da Escola.

*18 de março de 1980*

# iv. Luz!

"Faça-se a luz!"

E o que vocês acham que aconteceu?

A luz foi feita!

É realmente inacreditável que isso tenha aparecido primeiro nas Escrituras. Isso é o que eu chamaria de um *sintoma-padrão* do real.

Pois foi da luz em seu real que se abriu o caminho da ciência. Não apenas a luz, certamente, mas ela entre outros.

Vocês sabem também que a luz, a noção de sua velocidade, precisamente, é a única a nos fornecer um absoluto mensurável do real. E foi como consequência disso que a teoria da relatividade foi demonstrada.

Que golpe de sorte para os que acreditam nesse inacreditável! Contudo, isso não suscita necessariamente entre eles, sabemos disso, um gosto particular pelas Luzes, no sentido da *Aufklärung*.

Não se deixem impressionar demais por esse golpe de sorte. Para se recuperar, constatem apenas isso que se esclarece a posteriori: um total desconhecimento da diferença radical das "luminárias", Lua e Sol, em relação à tal luz.

O QUE ME INCOMODA mais é que a ênfase colocada na fala criativa segue no meu sentido.

Apenas, atribuir o insuportável da luz à fala é um desafio. E isso não é nada bom no meu sentido.

O que o inconsciente demonstra é algo totalmente diferente, a saber, que *a fala é obscurantista*.

Atribuo muitos malefícios à fala para agradecer-lhe aqui esse obscurantismo. É sua dádiva mais evidente.

Já apontei, nos primeiros tempos de meu ensino, a função, na abertura do simbólico, dessas lucíolas que chamamos de estrelas. As estrelas não dão muita luz. Foi, no entanto, com elas que os homens se esclareceram, o que lhes permitiu perfurar a felicidade que experimentam com a noite transparente.

O obscurantismo próprio à fala não é redobrado pela crença na Revelação que atribui a Deus o "Faça-se a luz". Quando isso se triplica com filantropia e se quadruplica de progressismo, é noite escura.

Quando as estrelas se apagam, dá nisso: "O desejo dos homens é de socorrer uns aos outros para melhor ser".

Recebi isso por correio. Eu havia pedido que me escrevessem — então, bem feito pra mim.

É preciso dizer que para a pessoa que me escreveu isso eu não havia pedido nada, pela simples razão de que há muito tempo ela não vem mais ao meu seminário.

Françoise Dolto, pois é dela que se trata, enviou-me assim uma cartinha que me forneceu uma distração durante essas férias, que inclusive eu não tirei.

É uma pequena carta "para dissipar o mal-entendido".

Ela gosta tanto de mim, diz em suma, que não pode suportar que a Escola seja dissolvida. E por quê, adivinhem só? Porque a Escola *sou eu*.

É o axioma dela. Então, necessariamente, dissolver a Escola seria me anular. E é isso que ela não quer.

Há um detalhe, é que *sou eu* quem está dissolvendo a Escola. Isso não a detém, inclusive nada a detém.

Ela imagina que eu estou me *autodestruindo*. É por isso que, de acordo com seu princípio filantrópico, ela vem em meu socorro.

Vejam como tudo isso se mantém. É lógico. Isso se vê pelo fato de que não se sacrifica nada à verossimilhança.

Se fosse justo, isso faria de mim um cara ao estilo de Sócrates, que desejou sua morte e a obteve pela mão daqueles entre os quais ele havia derramado suas bênçãos.

A coisa, aliás, não foi tão malsucedida para ele, já que sua morte se tornou exemplar.

Mas, felizmente para mim, eu nunca disse que a Escola Freudiana sou eu. Eu poderia muito bem ter dito que... Madame Dolto sou eu.

Ao que parece, há alguns que acreditam nisso. Bem, é um erro. Não me identifico de modo algum com Françoise

Dolto, e nem com a Escola Freudiana. É exatamente isso que justifica, para mim, começar imediatamente a construir a Causa Freudiana.

O QUE JÁ EXISTE É O SUFICIENTE para me *desidentificar* da Escola.

Nunca tive outro objetivo em relação ao meu ensino senão o de mantê-lo em seu nível. Faço agora o que for necessário para preservar o que ele é capaz de dar àqueles que não se colocam em seu rastro.

Mas meu ato já demonstra que o real em jogo na experiência não é limitado, por princípio, meramente à subsistência da Sociedade Psicanalítica.

A fineza de meu procedimento está ligada ao fato de que não só não excluo ninguém como ainda acolho qualquer um que chegue.

Eu lamentei que meu significante se revelasse apto a veicular qualquer piada? Muito pelo contrário, estou impressionado porque não digo outra coisa.

Mas, enfim, a piada é ainda melhor quando ela é curta. Foi o que me inspirou a abreviar isso que, agregando mal-entendidos, se estagnava em um impasse, e mesmo se petrificava como fraude.

Além de não ter mais o gosto por tanto, não tenho necessidade de anatematizar aqueles que me gritam que me amam, com a injúria na boca, pela simples razão de que a fraude *como tal* é fonte de angústia.

Se nem sempre entre seus agentes, ou entre suas vítimas, pelo menos entre seus descendentes.

É por isso que não auguro nada de bom para o que farão aqueles que rotulei como falsários, e que não me importo mais com eles.

A experiência psicanalítica dá um lugar de destaque à função do engano, de se sustentar pelo sujeito suposto saber. É isso que explica que, se o engano se transforma em fraude, é espantoso.

No CURSO DO QUE LHES DISSE, teci minhas respostas a vários daqueles que me escreveram, e que se reconhecerão.

Há ainda alguém que me pergunta se por acaso eu não me imaginaria *infalível*.

Não sou daqueles que recuam diante do tema de sua certeza. Foi isso que me permitiu romper com o que da prática de Freud havia se congelado em uma tradição que, fica claro, tamponava qualquer transmissão. Ali eu inventei o que reabriu para vocês um acesso a Freud, o qual não quero ver se fechar.

Eu não teria falsos pruridos em me reconhecer infalível, mas como todo mundo, ou seja, no plano da verdade que fala, e não no do saber.

Não me considero o sujeito do saber. A prova está aí — tenho que lembrar isso —, que o sujeito-suposto-saber fui eu que inventei, e precisamente para que o psicanalista, como deve ser natural, deixasse de *se* acreditar, quero dizer idêntico a ele.

O sujeito-suposto-saber não é todo mundo, nem ninguém. Ele não é *todo sujeito*, nem tampouco um sujeito *nomeável*. Ele é *algum sujeito*. É o visitante da noite, ou melhor, é da natureza do signo traçado na porta pela mão de um anjo. Cuja existência é mais certa por não ser ontológico, e por vir não se sabe de *onde*.*

Encontrarei vocês aqui novamente na segunda terça-feira de maio.

*15 de abril de 1980*

---

* No original, em vez de *où* (onde), está escrito *zou*, que é uma interjeição coloquial para espantar alguém: "Xô!". (N. T.)

## v. O mal-entendido

Não quis deixá-los sem recolocar isso — mais uma vez.

Não é apenas que eu tenha considerado que lhes devo um "Até breve", por terem me assistido este ano, assistido a este seminário em que não os poupei.

Há mais uma razão para esse "Até breve": é que vou até a Venezuela.

Esses latino-americanos, como se diz, que nunca me viram, diferentemente daqueles que estão aqui; e nunca me ouviram de viva voz, bem, isso não os impede de ser lacano.

Parece, ao contrário, que, lá, isso os ajuda. Fui transmitido por lá pelo escrito e parece que criei uma linhagem. Pelo menos eles acreditam que sim.

É certo que esse é o futuro. E é por isso que me interessa ir lá ver.

Interessa-me ver o que se passa quando minha pessoa não blinda o que ensino. Talvez assim o meu matema ganhe com isso.

Nada me diz que não ficarei na Venezuela, se isso me agradar. Vocês veem por que eu queria me despedir de vocês.

Vocês não têm ideia do número de pessoas a quem isso incomoda, que eu seja recebido por lá e que eu tenha convocado meus *lacano-americanos*. Isso incomoda aqueles que estavam muito ocupados me representando, pois basta que eu me apresente para que eles percam as estribeiras.

Portanto, vou me instruir por lá, mas evidentemente eu voltarei.

Vou voltar porque minha prática está aqui — e há este seminário, que não é a minha prática, mas que a complementa.

Este seminário, eu o mantenho menos do que ele me mantém.

Será que é por costume que ele me mantém? Certamente não, pois é pelo mal-entendido. E ele não está perto de acabar, precisamente porque eu não me habituo a esse mal-entendido.

Sou um traumatizado do mal-entendido. Como não me acostumo, eu me fatigo ao dissolvê-lo. E assim o alimento. É o que se chama de seminário perpétuo.

NÃO DIGO QUE O VERBO seja criador. Digo algo completamente diferente porque minha prática inclui isso: digo que o verbo é inconsciente — ou seja, mal-entendido.

Se vocês creem que tudo pode ser revelado, bem, vocês se enganam: nem tudo pode. Isso quer dizer que uma parte nunca se revelará. É precisamente disso que a religião se orgulha. E é isso que faz da Revelação o bastião do qual a religião se serve para explorar o que nunca será revelado.

Quanto à psicanálise, o que ela explora é o mal-entendido. Obtendo ao final uma revelação que é de fantasia.

Foi o que Freud lhes ofereceu. Que filão, é preciso dizer. Todos, na medida em que são — o que são vocês senão mal-entendidos?

O nomeado Otto Rank se aproximou disso ao falar do trauma do nascimento. Trauma, não existe outro: o homem nasce mal-entendido.

JÁ QUE ME QUESTIONAM sobre o que se chama de estatuto do corpo, chego a ele para sublinhar que só se o pega a partir daí.

O corpo só aparece no real como mal-entendido.

Sejamos aqui radicais: o corpo de vocês é o fruto de uma linhagem e uma boa parte de seus infortúnios está ligada ao fato de que ela já nadava no mal-entendido tanto quanto podia.

Nadava pela simples razão de que ela *parletrava* [*parlêtrait*] tentando fazer cada vez melhor.

Foi o que ela lhes transmitiu "dando-lhes a vida", como se diz. É disso que vocês herdam. E é o que explica seu mal-estar na sua pele, quando é o caso.

O mal-entendido já vem de antes. Na medida em que desde antes desse belo legado vocês pertencem, ou melhor, fazem parte da algaravia de seus ascendentes.

Não é preciso que vocês mesmos algaraviem. Desde antes, o que os sustenta como inconsciente, ou seja, mal-entendido, se enraíza ali.

Não existe outro trauma do nascimento senão o de nascer como desejado. Desejado ou não, dá na mesma, já que é pelo *parlêtre*.

O *parlêtre* em questão geralmente se reparte em dois falantes. Dois falantes que não falam a mesma língua. Dois que não se ouvem falar. Dois que não se entendem, pura e simplesmente. Dois que se conjuram para a reprodução, mas com um mal-entendido realizado, que o seu corpo veiculará com a dita reprodução.

Admito que a linguagem possa servir a uma comunicação sensata. Não digo que seja o caso deste seminário, pela simples razão de que a comunicação sensata é o diálogo, e que no âmbito do diálogo, não estou perdido.

Acrescento que não considero a comunicação científica como um diálogo, porque não sensato, o que é a sua vantagem.

O diálogo é raro. Quanto à produção de um corpo novo de falante, é tão raro que de fato está ausente. Ele não é produzido em princípio, mas o princípio só se inscreve na simbólica.

É o caso do chamado princípio da família, por exemplo.

Sem dúvida, isso foi pressentido desde sempre. O suficiente para que o inconsciente fosse tomado como o saber de Deus.

O que, no entanto, distingue o saber dito inconsciente do saber de Deus é que este era considerado o do nosso bem.

É isso que não se sustenta. Daí a pergunta que fiz: *Deus acredita em Deus?*

Como sempre, quando faço uma pergunta, é uma pergunta-resposta.

Aí ESTÁ.

Disseram-me que o seminário deste ano não tinha título. É verdade. Vocês verão agora o porquê. O título é: *Dissolução!*

Evidentemente, não podia lhes dizer isso em novembro, porque o efeito se perderia. Pode-se dizer que é um significante que os fisgou. Fui tão bem-sucedido em fazer vocês se interessarem que não sobra mais nada além disso.

Alguém está me censurando porque não fiz o suficiente, segundo o seu gosto. Ele tem tempo para isso porque não vem a minha casa. É o contrário: ele tem a bondade de me acolher na sua casa quando não estou em outros lugares.

Então, necessariamente eu o escuto. Ele almeja um ritmo mais rápido, e concordo. Vou cuidar disso — depois do verão.

A Causa Freudiana começa a existir sozinha, pelo fato de que reivindicamos isso, o que significa que já estamos fazendo um anúncio dela. Agora basta o quê? Um correio, um boletim que faça a articulação. Éric Laurent poderá se dedicar a garantir que isso exista e que os novos cartéis, que abundam, se deem a conhecer.

*10 de junho de 1980*

*Algumas indicações bibliográficas*

LACAN, Jacques. "A instância da letra no inconsciente ou A razão desde Freud" [1957]. In: *Escritos*. Rio de Janeiro: Zahar, 1998, pp. 496-536.
_____. "Proposição de 9 de outubro de 1967 sobre o psicanalista da Escola" [1967]. In: *Outros escritos*. Rio de Janeiro: Zahar, 2003, pp. 248-64.

# Conferência de Caracas

Esta comunicação de Lacan, que abriu o Encontro Internacional do Campo Freudiano em Caracas, no dia 12 de julho de 1980, foi publicada no número 1 de *L'Âne*, revista proveniente da dissolução em março-abril de 1981. Foi republicada no *Almanach de la dissolution* (Paris: Navarin Éditeur, 1986). Nessas publicações, foi-lhe designado o título: "O seminário de Caracas".

JACQUES-ALAIN MILLER

# Conferência de Caracas

Eu não lhes digo tudo

Eu não tenho mania de viagem.

Prova disso é que esperei completar oitenta anos para vir à Venezuela.

Vim porque me disseram que era o lugar propício para que eu convocasse meus alunos da América Latina.

Vocês são meus alunos? Não prejulgo. Porque meus alunos, tenho o costume de formá-los eu mesmo.

Nem sempre isso produz resultados maravilhosos.

Vocês sabem o problema que tive com a minha Escola de Paris. Eu o resolvi como deveria — cortando pela raiz. Quero dizer, desenraizando minha pseudo-Escola.

Tudo que obtive depois disso me confirma que fiz bem. Mas isso já é uma história antiga.

Em Paris, tenho o costume de falar para um auditório em que muitos rostos me são familiares por terem vindo me visitar na minha casa, na rue de Lille, nº 5, onde exerço a minha prática.

Vocês são, ao que parece, meus leitores. E são ainda mais leitores porque nunca os vi me ouvir.

Então, evidentemente, estou curioso com o que possa vir de vocês. Por isso lhes digo: *Muito obrigado* por terem respondido ao meu convite.

Vocês têm mérito nisso, pois mais de um se interpôs no caminho de Caracas. Parece, de fato, que este Encontro incomoda muitas pessoas, e em particular aqueles que se ocupam de me representar sem pedir a minha opinião. Então, quando me apresento, eles inevitavelmente perdem as estribeiras.

Em contrapartida, preciso agradecer àqueles que tiveram a ideia deste Encontro, especialmente Diana Rabinovich. Com prazer menciono também Carmen Otero e seu marido Miguel, em quem confiei com relação a tudo o que diz respeito a um Congresso como este. Graças a eles, sinto-me em casa aqui.

Venho aqui antes de lançar a minha *Causa Freudiana*, vocês veem que me apego a esse adjetivo. Cabe a vocês serem lacanianos, se quiserem. Eu sou freudiano.

Por isso acredito que seria bem-vindo dizer-lhes algumas palavras sobre o debate que mantenho com Freud, e não é de hoje.

Aí está: os meus *três* não são os de vocês. Meus *três* são o real, o simbólico e o imaginário. Cheguei a situá-los acerca de uma topologia, a do nó, dito borromeano. O nó borromeano evidencia a função do *ao-menos-três*. É aquele que amarra os outros dois que estão soltos.

Dei isso aos meus. Eu lhes dei isso para que se situem na prática. Mas será que aí eles se orientam melhor do que pela tópica legada por Freud aos seus?

É PRECISO DIZER: o que Freud desenhou de sua tópica, dita segunda, não é sem falta de jeito. Imagino que era para se fazer ouvir, sem dúvida, nos limites de seu tempo.

Mas será que não podemos aproveitar o fato de que a abordagem do meu nó aparece ali?

Que se considere o saco de suporte a se produzir como laço do isso em seu artigo a se dizer: *Das Ich und das Es.*\*

ESSE SACO SERIA o continente das pulsões. Que ideia insólita fazer isso assim! Isso só pode ser explicado se considerarmos as pulsões como bolas, sem dúvida a expulsar do corpo, após ingeridas.

Nisso se fixa um ego cujas colunas pontilhadas parecem preparadas para levar isso em conta. Mas isso não diminui o constrangimento pelo fato de que esse ego seja dotado de um

---

\* Lacan comenta aqui o esquema freudiano em *O eu e o isso*. (N. T.)

bizarro olho perceptivo pelo qual, para muitos, igualmente, a mancha germinal de um embrião pode ser lida na gema.

Isso ainda não é tudo. A caixa de registro de um dos aparelhos de Marey* serviria como um complemento. Isso diz muito sobre a dificuldade da referência ao real.

Por fim, duas barras tracejam com sua junção a relação entre esse conjunto barroco e o próprio saco de bolas. Eis o que se designa por recalcado.

Isso causa perplexidade. Digamos que não é o que Freud fez de melhor. É preciso até confessar que não é favorável à pertinência do pensamento que isso pretende traduzir.

Que contraste com a definição que Freud dá das pulsões, como ligadas aos orifícios do corpo! Aí está uma fórmula luminosa, que impõe uma figuração diferente dessa garrafa, seja qual for a sua rolha.

Acaso não é isto, como me ocorreu dizer, garrafa de Klein, sem dentro nem fora? Ou ainda, apenas, por que não, o toro?

Contento-me em constatar que o silêncio atribuído ao isso como tal supõe a tagarelice. A tagarelice que a orelha aguarda, a do "desejo indestrutível" a traduzir-se nela.

Desconcertante é a figura freudiana, oscilando assim do campo em si ao simbólico daquilo que o ausculta.

---

* Étienne-Jules Marey (1830-1904), inventor francês, criou mais de um dispositivo para aferir movimentos. (N. T.)

No entanto, é notável que essa indefinição não tenha impedido Freud de voltar, depois disso, às indicações mais impressionantes sobre a prática da análise, e especificamente às suas construções.

Devo me encorajar com a lembrança de que na minha idade Freud ainda não estava morto?

Claro, meu nó não diz tudo. Caso contrário eu não teria sequer a possibilidade de me situar nisto que há: pois há, digo eu, *não-todo*. Não-todo seguramente no real, que abordo por meio da minha prática.

Notem que em meu nó o real permanece figurado pela reta infinita, ou seja, pelo círculo não fechado que ela supõe. É isso que sustenta que ele só possa ser admitido como não-todo.

O surpreendente é que os números nos sejam fornecidos na própria *lalíngua*. Com o que ela veicula do real.

Por que não admitir que a paz sexual dos animais, para culpar aquele que dizem ser seu rei, o leão, repousa sobre o fato de que os números não sejam introduzidos na linguagem deles, seja ela qual for? Sem dúvida, o adestramento pode fazer parecer que sim. Mas nada além disso.

A paz sexual quer dizer que se sabe o que fazer do corpo do Outro. Mas quem sabe o que fazer de um corpo de *parlêtre* — além de apertá-lo mais ou menos?

O que o Outro encontra para dizer, e ainda quando o quer? Ele diz: "Me abraça forte".

Estupidamente simples para a copulação.

Qualquer um sabe fazer melhor. Digo qualquer um — uma rã, por exemplo.

Há um quadro que não me sai da cabeça há bastante tempo. Encontrei o nome de seu autor, não sem as dificuldades próprias à minha idade. Ele é de Bramantino.

Bem, essa pintura é ótima para demonstrar a nostalgia por uma mulher não ser uma rã, posta ali deitada de costas no primeiro plano do quadro (ver p. 103).

O que mais me impressionou nesse quadro foi que a Virgem, a Virgem com a criança, tem algo que parece uma barba. Por causa disso, ela se parece com seu filho, tal como ele é pintado adulto.

A relação figurada da Madona é mais complexa do que se pensa. Ela foi inclusive mal recebida.

Isso me incomoda. Mas o fato é que me situo melhor do que Freud, me parece, quanto ao real em jogo no que se passa no inconsciente.

Pois o gozo do corpo se apresenta contrário ao inconsciente.

Daí meus matemas, que decorrem do fato de que o simbólico é o lugar do Outro, mas que não existe Outro do Outro.

Disso resulta que o que lalíngua pode fazer de melhor é mostrar-se a serviço do instinto de morte.

Aí está uma ideia de Freud. É uma ideia genial. Isso quer dizer também que é uma ideia grotesca.

O mais impactante é que é uma ideia que se confirma pelo fato de que lalíngua só é eficaz em passar ao escrito.

Foi isso que inspirou os meus matemas, na medida em que se pode falar de inspiração para um trabalho que me custou as madrugadas nas quais, que eu saiba, nenhuma musa [*muse*] me visitou — mas é preciso acreditar que isso me entretém [*m'amuse*].

Freud tem a ideia de que o instinto de morte se explica pelo deslocamento para baixo da fonte de tensão tolerada pelo corpo. É isso que ele chama de além do princípio de prazer — quer dizer, do prazer do corpo.

Há que se dizer que, mesmo assim, em Freud, isto é o indicativo de um pensamento mais delirante do que qualquer um dos que já manifestei.

Pois, evidentemente, não lhes digo tudo. Eis o meu mérito.


É isso.

Declaro aberto este Encontro, que tematiza o que ensinei.

São vocês, pela sua presença, que fazem com que o que ensinei seja alguma coisa.

Bramantino, *Madonna no trono com santo Ambrogio e são Miguel*, 1520. Pinacoteca Ambrosiana, Milão.

## Três cartas de Lacan

As cartas a seguir foram publicadas com minha autorização em um fascículo editado pela Escola da Causa Freudiana: Jacques Lacan, *Acte de fondation et autres textes*, Paris, 1982.

Jacques Lacan

## Carta para a Causa Freudiana

*23 de outubro de 1980*

Há recalcado. Sempre. É irredutível. Elaborar o inconsciente, como se faz na análise, não é nada além de produzir esse furo. O próprio Freud, lembro-lhes, o aponta.

Isso me parece, de modo pertinente, confluir com a morte. Com a morte, que identifico ao fato de que, "como o sol", diz o outro, ela não pode ser encarada de frente.

Também eu, como qualquer outro, não a encaro. Faço o que tenho a fazer, que é lidar com o fato do inconsciente trilhado por Freud.

Nisso eu estou sozinho.

Depois, há o grupo. Ouço que "A Causa" vem resistindo bem.

O cartel funciona. Basta não fazer obstáculo a ele, exceto ao vetorizar, isso cuja fórmula forneço, e permutar.

Uma Diretoria gere. Seus responsáveis estarão na função por dois anos — depois disso, mudarão.

Eles serão assistidos por comissões, também por dois anos.

Uma Assembleia anual, dita administrativa, tem por função saber o andamento das coisas. Essa instância é permanente.

A cada dois anos, um Congresso, para o qual todos são convidados.

Por fim um Conselho, dito estatutário, é fiador do que instituo.

A Causa terá sua Escola. Daí procederá o AME,* agora da Causa Freudiana.

O passe produzirá o novo AE — sempre novo, pelo fato de ser AE pelo tempo de testemunhar na Escola, ou seja, três anos.

Pois é melhor que ele passe, esse AE, antes de ir diretamente se enfiar na casta.

---

\* Analista Membro da Escola: "a Escola o reconhece como psicanalista que comprovou sua capacidade". (Lacan, "Proposição de 9 de outubro", *Outros escritos*, p. 249).

## Primeira carta do Fórum

*26 de janeiro de 1981*

Já faz um mês que parei com tudo — exceto minha prática.

Tenho pouca vontade de mexer com o que sinto. Ou seja, uma espécie de vergonha. A de um catapumba: então viu-se um, que ele havia realmente privilegiado ao longo de vinte e tantos anos, levantar-se e lançar um punhado de serragem nos olhos do velhote que... etc.

A experiência tem o seu preço, pois não é algo que se imagina previamente que vá acontecer.

Essa obscenidade justificou a Causa. Seria bom que uma cortina fosse puxada sobre isso.

Isso é a Escola de meus alunos, aqueles que ainda gostam de mim.

Abro imediatamente as suas portas. E digo: aos Mil.

Vale a pena arriscar. É a única saída possível — e decente.

Um Fórum (da Escola) será convocado por mim, no qual tudo estará em debate — esse sem mim. Apreciarei o seu produto.

Por ter me dado conta do que me resta de recursos físicos, deixo sua preparação para Claude Conté, Lucien Israël. Robert Lefort, Paul Lemoine, Pierre Martin, Jacques-Alain Miller, [Moustapha] Safouan, Colette Soler, a quem convoco para estar ao meu lado como conselheiros.*

---

* Três outros conselheiros nomeados por Jacques Lacan se demitiram antes da realização do Fórum.

## Segunda carta do Fórum

*11 de março de 1981*

Meu ponto forte é saber o que significa esperar.

O que recebo disso é que, em resumo, executam-me em meu próprio nome. Como deveria ser, para salvar o sustento profissional, adquirido na minha formação — reduzindo-a a isso.

Obnubilação de responsáveis,* a ser atribuída ao status de suficiência do qual eu não soube preservá-los.

Eles carregam para outros lugares os seus impasses. Resta a Escola que adotei como minha.

Ainda nova e em movimento, é aqui que se experimentará o núcleo a partir do qual meu ensino pode subsistir.

Agora o melhor é nos dedicarmos a essa tarefa.

Conforme os pareceres emitidos por meus conselheiros, convoco para os dias 28 e 29 deste mês o meu primeiro Fórum.**

---

* Antigos responsáveis da Escola Freudiana de Paris (EFP) haviam anunciado a criação de um "Centro de estudos".
** Os Anais desse fórum foram publicados pela Escola da Causa Freudiana.

## Campo Freudiano no Brasil

- Os complexos familiares
- Nos confins do Seminário
- Escritos
- Estou falando com as paredes
- Meu ensino
- O mito individual do neurótico
- Nomes-do-Pai
- Outros escritos
- Primeiros escritos
- O Seminário

  Livro 1: **Os escritos técnicos de Freud**
  Livro 2: **O eu na teoria de Freud e na técnica da psicanálise**
  Livro 3: **As psicoses**
  Livro 4: **A relação de objeto**
  Livro 5: **As formações do inconsciente**
  Livro 6: **O desejo e sua interpretação**
  Livro 7: **A ética da psicanálise**
  Livro 8: **A transferência**
  Livro 10: **A angústia**
  Livro 11: **Os quatro conceitos fundamentais da psicanálise**
  Livro 14: **A lógica do fantasma**
  Livro 16: **De um Outro ao outro**
  Livro 17: **O avesso da psicanálise**
  Livro 18: **De um discurso que não fosse semblante**
  Livro 19: **... ou pior**
  Livro 20: **Mais, ainda**
  Livro 23: **O sinthoma**

- Televisão
- O triunfo da religião

  Jacques Lacan

- A terceira | Teoria de lalíngua

  Jacques Lacan |
  Jacques-Alain Miller

- A batalha do autismo

  Éric Laurent

- Como terminam as análises
- Lacan elucidado
- Matemas I
- O osso de uma análise
- Percurso de Lacan
- Perspectivas do Seminário 23 de Lacan
- Perspectivas dos Escritos e Outros escritos de Lacan

  Jacques-Alain Miller

- Lacan redivivus

  Jacques-Alain Miller
  e Christiane Alberti

- A inibição intelectual na psicanálise

  Ana Lydia Santiago

1ª EDIÇÃO [2022] 1 reimpressão

ESTA OBRA FOI COMPOSTA POR MARI TABOADA EM DANTE PRO E
IMPRESSA EM OFSETE PELA GRÁFICA PAYM SOBRE PAPEL BOLD DA
SUZANO S.A. PARA A EDITORA SCHWARCZ EM MARÇO DE 2025

A marca FSC® é a garantia de que a madeira utilizada na fabricação do papel deste livro provém de florestas que foram gerenciadas de maneira ambientalmente correta, socialmente justa e economicamente viável, além de outras fontes de origem controlada.